¿Cómo pasárselo bien con este libro?

Augmented **R**eality

Pasa la página y sigue las instrucciones

Disfrutar de todas las sorpresas que esconde este libro es muy fácil. Descubre las posibilidades de la realidad aumentada siguiendo estos simples pasos:

1 **Descárgate la App gratuita:**
Sorry I love you AR

Búscala directamente en **AppStore o Google play** en tu móvil o tableta.

O escanea estos códigos:

También puedes descargar
la App de **Junaio** y escanear la cubierta del libro.

2 Enfoca con el móvil o tableta
la cubierta del libro y todas las ilustraciones
de las páginas donde encuentres
este símbolo:

3 Disfruta viendo cómo las páginas
cobran vida, diviértete
con los **sonidos** y déjate sorprender
por los elementos que **no** están
en la página impresa.

En las ilustraciones donde encuentres este **corazón**

púlsalo en el móvil o tableta para ver qué **sonido** esconde.

Sorry,
I love you

(Lo siento, te quiero)

ROBIN
BOOK

© 2015, Redbook Ediciones, s. l., Barcelona

Diseño de cubierta e interior: Regina Richling
Ilustraciones: Benet Palaus

ISBN: 978-84-9917-364-1
Depósito legal: B-7.154-2015

Impreso por Sagrafic, Plaza Urquinaona 14, 7º-3ª
08010 Barcelona

Realidad Aumentada realizada por Books2AR

Impreso en España - *Printed in Spain*

«Amar no es mirarse el uno al otro;
es mirar juntos en la misma dirección.»

Antoine de Saint-Exupéry autor de *El Principito*

Lo siento, te quiero...

POR HACER QUE LA VIDA SEA TAN *divertida* A TU LADO

Lo siento, te quiero...

Por tu sentido del
ritmo, por tu forma

de *bailar*

tan especial

Lo siento, te quiero...

**Cuando llegas
a casa
con uno de esos discos
que sabes que tanto me**

Lo siento, te quiero...

Porque siempre
logras
sorprenderme
el día de mi

Lo siento, te quiero...

Por tu mirada, tan llena de

ternura

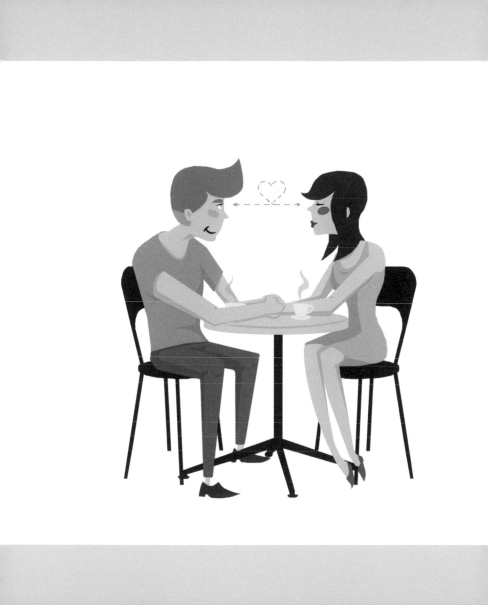

Lo siento, te quiero...

Por ese
pijama
tan
divertido
que te
pones
todas
las noches

Lo siento, te quiero...

Porque
siempre logras
que se cumplan
todos mis sueños

Lo siento, te quiero...

Cuando
vamos
juntos
a hacer
la compra

Por tu espíritu, siempre jovial y **alegre**

Lo siento, te quiero...

Por las

maravillosas

reconciliaciones

Lo siento, te quiero...

Por los encuentros casuales, que tan feliz me hacen

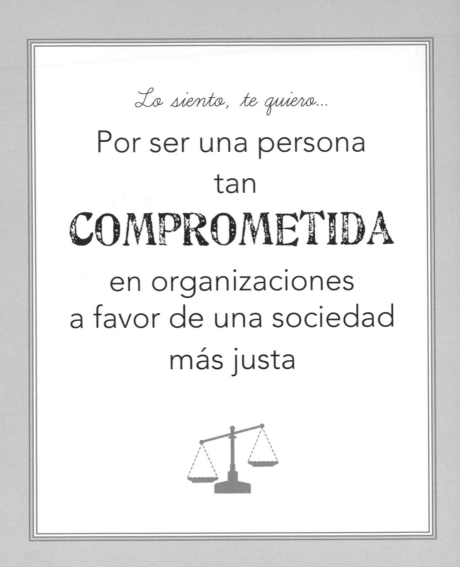

Lo siento, te quiero...

Por ser una persona tan

COMPROMETIDA

en organizaciones
a favor de una sociedad
más justa

Lo siento, te quiero...

CUANDO
PROGRAMAMOS

juntos

LAS VACACIONES
DE VERANO

Porque sé que, cuando estás lejos
y cierras los ojos, piensas en mí

Lo siento, te quiero...

Por consentir
mis debilidades
y compartir
mis aficiones

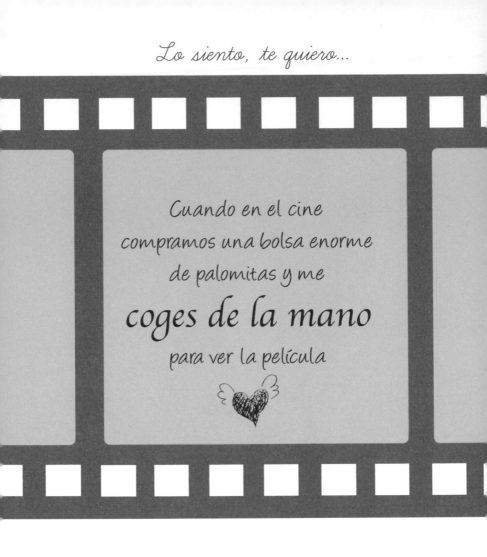

Lo siento, te quiero...

Cuando en el cine
compramos una bolsa enorme
de palomitas y me
coges de la mano
para ver la película

Lo siento, te quiero...

Por tus

te quiero

cada noche antes de
dormirme

Lo siento, te quiero...

Porque cada dia
descubro
cosas nuevas
de ti

Lo siento, te quiero...

Cuando llueve a cántaros y
aunque nos refugiamos
bajo el mismo
paraguas,
siempre
acabamos
mojados
por todas partes

Lo siento, te quiero...

Cuando me recomiendas un

libro

que te ha gustado

Lo siento, te quiero...

Porque siempre tengo tu apoyo

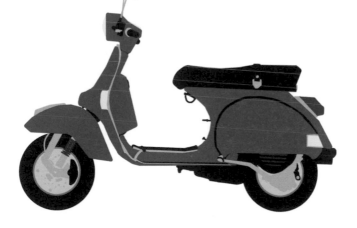

ante las decisiones difíciles

Lo siento, te quiero...

Por sorprenderme siempre con esas escapadas **románticas**

que tanto me **gustan**

Cuando♡ me preparas un

BAÑ♡ caliente

al llegar tarde a casa

Porque cocinar
juntos
siempre es una
fiesta
llena de sabores
maravillosos

Lo siento, te quiero...

Por tus abrazos
tras un día difícil
en el trabajo

Lo siento, te quiero...

Por aceptarme tal y como soy

Lo siento, te quiero...

POR TUS NOTAS LLENAS DE PALABRAS DE AMOR QUE ME DEJAS EN CUALQUIER RINCÓN DE LA CASA

Cuando les dices a los amigos lo mucho que me quieres

Lo siento, te quiero...

Por los **selfies** que nos
hacemos juntos
allí donde vamos

Lo siento, te quiero...

Por explicarme esas historias de tu infancia que tanto me gustan

Lo siento, te quiero...

Por esas escapadas de fin de semana, los inviernos junto al mar y los veranos en la montaña

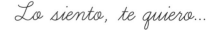

Lo siento, te quiero...

Por calentar
mis manos
entre las tuyas
cuando hace frío

Lo siento, te quiero...

Por esos ramos de
flores silvestres
que recoges
cuando
salimos al campo

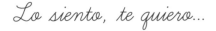
Lo siento, te quiero...

Cuando
me **dices** que
no concibes
el **futuro** si no es
a **mi** lado

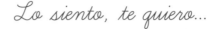

Lo siento, te quiero...

Italia

Cuando nos sentamos en el sofá
y volvemos a ver una y otra vez las
fotografías de nuestros viajes

Lo siento, te quiero...

Cuando me vienes a buscar al trabajo de forma **inesperada**

♥♥♥

Lo siento, te quiero...

Por los besos que me diste y por los que vendrán

Lo siento, te quiero...

Cuando
jugamos
juntos
a un nuevo

videojuego

Lo siento, te quiero...

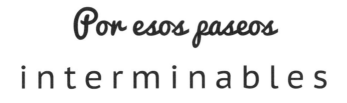

Por esos paseos
interminables

Lo siento, te quiero...

Por ser un

YOUTUBER

encantador

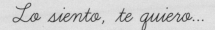

Por nuestra
primera
cita
juntos
tan
divertida

Lo siento, te quiero...

Por los whatsapp románticos

Lo siento, te quiero...

Por abrazarme cuando vemos una película de

en la televisión

En la misma colección

El gran éxito internacional

7 ediciones   15 ediciones